Bibliografische Information der Deutschen Nationalbibliothek:

Die Deutsche Bibliothek verzeichnet diese Publikation in der Deutschen National-bibliografie; detaillierte bibliografische Daten sind im Internet über http://dnb.d-nb.de/ abrufbar.

Impressum:

Copyright © 2018 GRIN Verlag
Druck und Bindung: Books on Demand GmbH, Norderstedt Germany
ISBN: 9783668702660

Dieses Buch bei GRIN:

https://www.grin.com/document/424902

Mizgin Yildiz

Nutzenpotentiale der Digitalisierung für Unternehmen der Versicherungsbranche

GRIN Verlag

GRIN - Your knowledge has value

Der GRIN Verlag publiziert seit 1998 wissenschaftliche Arbeiten von Studenten, Hochschullehrern und anderen Akademikern als eBook und gedrucktes Buch. Die Verlagswebsite www.grin.com ist die ideale Plattform zur Veröffentlichung von Hausarbeiten, Abschlussarbeiten, wissenschaftlichen Aufsätzen, Dissertationen und Fachbüchern.

Besuchen Sie uns im Internet:

http://www.grin.com/

http://www.facebook.com/grincom

http://www.twitter.com/grin_com

RHEINISCHE FACHHOCHSCHULE KÖLN

University of Applied Sciences

Fachbereich: Wirtschaft & Recht

Studiengang: Wirtschaftsinformatik (B. Sc.)

Hausarbeit

Nutzenpotentiale der Digitalisierung für Unternehmen der Versicherungsbranche

Thesis vorgelegt von:

Mizgin Yildiz

Wintersemester 2017/2018

Inhaltsverzeichnis

Abbildungsverzeichnis

1 Einleitung

1.1 Problemstellung

In Deutschland nutzen derzeit 72,62 Mio.[1] Menschen das Internet. Die Nachfrage zum schnellen Internet ist deshalb umso größer. Laut dem Statistischem Bundesamt haben rund 34,05 Mio.[2] Haushalte in Deutschland einen Internetanschluss. Auch die Zahl der Smartphone-Nutzer ist gestiegen. Vom Anfang 2009 bis April 2016 ist die Anzahl der Smartphone-Benutze versiebenfacht[3]. Smartphones werden längst nicht mehr zum Telefonieren oder zum Chatten benutzt. Sie helfen dem Nutzer innerhalb von 0,2 Sekunden Informationen zu bestimmten Produkten zu sammeln, jedoch leiten diese aber auch die Smartphone-Nutzer zum direkten Kauf dieser Produkte. Ab 2020 werden über 23% alle Einkäufe im Internet stattfinden.[4]

In den letzten elf Jahren ist die Anzahl der ausgestellten Führerscheine um 63 Prozent gestiegen.[5] Hauptsächlich jungen Menschen (zwischen 18-44 Jahren) besuchen die Fahrschule und lassen sich den Führerschein ausstellen. [6] Obwohl Versicherer Rabatte für Führerscheinneulinge machen, fahren viele als nicht-eingetragene Fahrer. Die Tarife sind fast doppelt so hoch wie die Beiträge für langjährige und erfahrene Fahrer.[7]

Zusätzlich kommt ein großer Druck der Digitalisierung auf Versicherungs-unternehmen zu. Die technischen Erneuerungen und die misstrauischen Kunden verändern die ganze Branche. Welchen möglichen Nutzen kann die Digitalisierung für Unternehmen der Versicherungsbranche bringen? Die Hausarbeit beschäftigt sich mit dieser Frage und führt den Leser Kapitel für Kapitel zu einem Fazit.

---

[1] Vgl. Anzahl der Internetnutzer und Gesamtbevölkerung ab 10 Jahren in Deutschland im Oktober 2017 (in Millionen) (Oktober 2017). https://www.statista.com. Zugriff am 18.12.2017.
[2] Vgl. Ausstattung privater Haushalte mit Informations- und Kommunikationstechnik – Deutschland. https://www.destatis.de. Zugriff am 18.12.2017.
[3] Vgl. Anzahl der Smartphone-Nutzer in Deutschland in den Jahren 2009 bis 2016 (in Millionen) (Juni 2016). https://www.statistic.com. Zugriff am 18.12.2017.
[4] Vgl. Konsumentenstudie 2015: der Kunde der Zukunft- Einkaufen heute und morgen https://www.gs1-germany.de/fileadmin/gs1/basis_informationen/kpmg_konsumentenstudie_der_kunde_der_zukunft.pdf [PDF] S. 17.
[5] Vgl. Anzahl der insgesamt ausgestellten (Karten-)Führerscheine in Deutschland in den Jahren 2006 bis 2017 (2017). https://www.statista.com. Zugriff am 18.12.2017.
[6] Vgl. Bestand an allgemeinen Fahrerlaubnissen im ZFER am 1. Januar 2017 nach Fahrerlaubnisklassen. https://www.kba.de. Zugriff am 18.12.2017.
[7] Vgl. Fahranfänger machen Autoversicherung doppelt so teuer (02.09.2015). https://www.finanztip.de. Zugriff Am 18.12.2017.

1.2 Zielsetzung

Ziel dieser Hausarbeit ist, einen Überblick über die Vorteile der Digitalisierung in der Versicherungsbranche zu entdecken und diese zu nennen.

1.3 Vorgehensweise

Am Anfang wird der Begriff „Digitalisierung" definiert und in Bezug auf die Versicherungsbranche abgegrenzt. Im nächsten Kapitel werden wesentliche Fakten der Versicherungsbranche genannt und es erfolgt eine kurze Einführung in die Digitalisierung. Danach folgen drei weitere Kapitel, welche sich mit den Hauptunternehmensbereichen Schadensregulierung, Produktentwicklung und dem Vertrieb der Versicherungsbranche beschäftigten. Dort werden praktische Beispiele beschrieben und klare Vorteile genannt. Anschließend wird im Fazit die Fragestellung in der Problemstellung kritisch beantwortet.

2   Begriffserläuterungen der Digitalisierung

Derzeit gibt es unzählig viele Definition was die Digitalisierung betrifft, aber eine allgemeingültige Definition existiert nicht.[8]

Die Digitalisierung ist im eigentlichen Sinne die Automatisierung von analogen Daten. Mit Hilfe von Datenverarbeitungssysteme können analoge Daten in digitale umgewandelt werden. Sind diese Daten in digitaler Form, können diese, ohne das Original zu schädigen, mehrfach verwendet werden. Alle Daten werden in einer Datenbank gespeichert, auf welcher diese bei Bedarf zugreifbar sind. [9]

Die Digitalisierung hat in Unternehmen die Geschäftsprozesse, die Produkte/Waren und die Geschäftsmodelle verändert.[10]

Geschäftsprozesse müssen nicht mehr auf Papier festgehalten werden. Sie können mit Softwares (zum Beispiel: ERP-Systemen) automatisiert werden. Dadurch können Unternehmen viel an Kosten sparen, welche sonst als Personalaufwand und Bürobedarf anfallen würden.

Ein weiteres Beispiel der Digitalisierung sind Produkte wie die mobilen Telefone. Diese gibt es seit der Einfuhr der Smartphones nicht mehr. Viele benutzen sie nicht mehr ausschließlich zum Telefonieren, sondern um Einkäufe zu tätigen, Nachrichten zu lesen oder um Schritte zuzählen.

Netflix ist ein Online-Dienstleiter für Filme und Serien. Netflix hat ein rein digitalisiertes Geschäftsmodell. Kunden können gegen Entgelt online legal Serien und Filme sich anschauen. Mittlerweile gibt es die englische Bezeichnung „sharing economy" für digitale Geschäftsmodelle.

---

[8] Vgl. Tutanch/ N.Litzel. Was ist Digitalisierung? (20.07.2017). https://www.bigdata-insider.de. Zugriff am 18.12.2017.

[9] Vgl. derselbe. Tutanch/ N.Litzel. Was ist Digitalisierung? (20.07.2017). https://www.bigdata-insider.de. Zugriff am 18.12.2017.

[10] Vgl. derselbe. Tutanch/ N.Litzel. Was ist Digitalisierung? (20.07.2017). https://www.bigdata-insider.de. Zugriff am 18.12.2017.

3   Einführung in die Versicherungswirtschaft

3.1 Fakten über die Versicherungswirtschaft

Die Versicherungswirtschaft ist einer der bedeutsamsten Wirtschaftseinheiten in Deutschland. Die Versicherungsunternehmen bewerten Risiken, kalkulieren diese Risiken mit ihren Versicherungsprodukten und erstellen so die Tarife für ihre Kunden.

Über 520.000 Menschen sind derzeit in der Versicherungsbranche tätig. Die deutschen Versicherungsunternehmen haben seither 1,5 Billionen Euro an Kapitalanlagen investiert. So belegt Deutschland den sechsten Platz der zehn größten Versicherungsmärkte weltweit. [11]

Die drei größten Versicherer 2016 in Deutschland sind Allianz Group mit 124.4 Mio. Beitragseinnahmen, die Münchner–Rück Gruppe mit 48.8 Mio. Beitragseinnahmen und die Talanx AG mit 31.1 Mio. Beitragseinnahmen. [12]

Versicherungen sind für Wirtschaft und Gesellschaft ein zentraler Bestandteil. Entweder ist vom Gesetz vorgeschrieben, dass diese gebraucht werden oder der Mensch möchte den Schutz, der ihm durch Versicherungen gegeben wird.

3.2 Einführung der Digitalisierung in der Versicherungsbranche

Durch die ständigen Veränderungen der Kundenbedürfnisse, soll der Vertrieb von Versicherungsprodukten den Kunden entsprechend angepasst werden. Kunden haben mehr Vertrauen in ihren Versicherern als vor zehn Jahren und teilen somit mehr Daten mit diesen. Beispielsweise können Versicherer mit Hilfe von GPS-Daten Satellitenbilder ihrer Kunden analysieren, Unwetter-Risiken vorhersehen und schneller reagieren. [13]

Die Allianz Group hatte die Digitalisierung vorhergesehen und bereits 2014 ein Investitionsbudget in Höhe von 100 Mio. Euro für den Online Ausbau geplant und diese umgesetzt. [14]

Die meisten Versicherungsgesellschaften verfügen über eine eigene Online Präsenz in Form von Homepages oder App-Anwendungen. Die

---

[11] Vgl. Die Versicherungswirtschaft Fakten im Überblick (2017). http://www.gdv.de/wp-content/uploads/2017/09/GDV-Die-Versicherungswirtschaft-Fakten-im-Ueberblick-Download-2017.pdf [PDF].
[12] Vgl. C. Hilmes. http://www.dasinvestment.com. Die 10 größten Versicherungen in Deutschland. Zugriff am 09.12.17.
[13] Vgl. „Die Geschäftsmodelle unserer Kunden ändern sich dramatisch – und wir müssen reagieren" (13.10.2017). http://www.gdv.de. Zugegriffen am 15.12.2017.
[14] Vgl. Reuters. Allianz will Kunden via Internet in die Filialen locken (02.03.2016). http://www.manager-magazin.de. Zugegriffen am 18.12.2017.

Kommunikation zwischen Versicherungsgesellschaften und Kunden findet auch auf sozialen Netzwerken wie Facebook, Instagram und Twitter statt.

Die Digitalisierung vereinfacht das Abwickeln von Versicherungsgeschäften wie z.B.: der Abschluss eines neuen Haftpflicht-Versicherungsvertrages. Viele Angaben über den Kunden werden im Speicher festgehalten und automatisiert. Der Kunde kann über eine App oder im Internet von Zuhause aus neue Verträge abschließen und bei Schadensfällen diese online melden.

AXA möchte in Zukunft neue Berufe erschaffen. Berufe beispielsweise im Bereich des Online-Marketings, UX-Designs. Traditionelle Berufe wie der des Sachbearbeiters werden umgestaltet.[15]

Es entstehen neue Produkte, neue Berufe und neue Verwaltungs-möglichkeiten.

---

[15] Vgl. „Kommunikationsfähigkeit wird zur zentralen Kompetenz" (12.06.2017). http://www.gdv.de. Zugegriffen am 18.12.2017.

4 Digitalisierung der Schadenregulierung

4.1 Kurze Erläuterung des Unternehmensbereichs

Die Schadenregulierung ist ein Unternehmensbereich in der Versicherungsbranche. Sie beschäftigt sich mit der Bearbeitung und der Umsetzung von gemeldeten Schäden der Kunden. Bei einer Schadensmeldung prüft der Versicherer den Schaden und **entscheidet,** ob er die Kosten für den Schaden übernimmt oder nicht.[16]

Das Schadenmanagement beeinflusst die Versicherungsbranche am meisten, da der Faktor Kosten hier am größten ist, die durch die Schäden von Kunden und den Leistungen von den Versicherern entstehen. Die Schadenregulierung kann auch Auswirkungen auf die Kundenzufriedenheit haben.

4.2 Schadenregulierungsprozess

Die Schadenregulierung wird in vier Schritten bearbeitet.

1. **Schadenaufnahme:** Es entstehen Schäden. Kunden kontaktieren den Versicherer und nennen ihre Daten. Der Schaden mit der höchsten Priorität wird zuerst bearbeitet, dabei haben alle Schäden die gleiche Verantwortlichkeit. Die fehlenden Dokumente werden von den Kunden angefordert.
2. **Schadenbewertung:** Nachdem alle fehlenden Dokumenten eingereicht worden sind, wird entschieden, ob der Versicherungsantrag akzeptiert oder abgelehnt wird. Falls dieser akzeptiert wird, erfolgt der dritte Schritt.
3. **Schadenbearbeitung:** Der Kunde wird über die geschätzten Kosten angefragt. Bei größeren Schäden wird zusätzlich ein Gutachten beauftragt. Falls noch weitere Dokumenten fehlen, werden diese auch angefordert.
4. **Schadenregulierung:** Es wird ein Bestätigungsdokument erstellt, welches zeigt, dass der Versicherungsschaden übernommen und eine Zahlung erfolgen wird. In der Abteilung für Buchhaltung wird der Buchungseintrag für die Anspruchszahlung angelegt. Die Zahlung erfolgt und der Kunden wird benachrichtigt.[17]

---

[16] Vgl. Dr. Jochen Tenbieg: Schadenregulierung. http://www.versicherungsmagazin.de/. Zugegriffen am 20.12.2017.

[17] Vgl. Opitz Consulting. Wesentliche Schritte in der Schadenbearbeitung (2014). S.7 https://de.slideshare.net. Zugegriffen am 18.12.2017.

4.3 Der Digitale Wandel in der Schadenregulierung

Die Schadenmeldung ist für den Kunden ein Problem. Das lange Warten an der Telefonschleife und das Buchstabieren von Vor- und Nachnamen ist für den Kunden eine doppelte Belastung. Kunden wünschen sich mehr Komfort und ein schnelleres Handeln. Eine Automatisierung durch digitale Technologie in der Kommunikation könnte ein richtiger Schritt in die Digitalisierung sein.

Die BearingPoint GmbH ist eine Beratung für Technologie und Management. Sie hat im Jahre 2011 eine Studie „Herausforderungen und Trends im Schadenmanagement der Versicherungswirtschaft" analysiert. In dieser Studie werden beispielhafte Lösungen für ein erfolgreiches Schadenmanagement genannt. Eine mögliche Lösung könnte das Importieren einer Standardsoftware und die Anpassung der Kundenbedürfnisse auf ein Produkt (Customizing) sein. Ein weiterer Lösungsweg wäre die Automatisierung in der Schadenbearbeitung und die Erschaffung und die Einführung von individueller Schadenssystemen.[18]

Viele Versicherer wie Allianz, HUK-COBURG und HDI Versicherung haben eine Online Schadenregulierung. Kunden oder der geschädigten Personen können beispielsweise nach einem Autounfall schneller reagieren und über Smartphone Fotos an die Versicherung schicken.

Die HDI Versicherung AG hat im April 2016 die App „HDI hilft" veröffentlicht. Der Kunde braucht eine Schadennummer, die er über die Hotline vermittelt bekommt. Dann ladet er die „HDI hilft" App herunter. Diese App ist mit den wichtigsten Daten vermerkt. Der Kunde kann Fotos vom Schaden über die App an den zuständigen Sachbearbeiter schicken. Der Kunde hat ebenso die Möglichkeit Quittungen und Kostenvoranschläge auch über die App weiterzuleiten. Außerdem können Kunden online nach dem „aktuellen Bearbeitungsstand" sehen.[19]

---

[18] Vgl. Herausforderungen und Trends im Schadenmanagement der Versicherungswirtschaft (2011). https://www.bearingpoint.com/files/0627_FC_DE_Schadenmgmt_final_print.pdf [PDF] S. 2.
[19] Vgl. Den Kunden in den Schadenprozess einbinden. https://www.talanx.com. Zugegriffen am 20.12.2017.

5 Digitalisierung der Produktentwicklung

5.1 Kurze Erläuterung des Unternehmensbereichs

Die Produktentwicklung ist ein Unternehmensbereich und ist von großer Bedeutung in der Versicherungsbranche.

Die Produktentwicklung in Versicherungsunternehmen beschäftigt sich mit der Entstehung von neuen Versicherungsprodukten und der Produktüberarbeitung von bestehenden Produkten. Das Ziel der Produktentwicklung ist es die Kundenbedürfnisse an den Versicherungsprodukten zu optimieren

5.2 Produktentwicklungsprozess

Die Produktentwicklung ist in neun Prozess-Phasen eingeteilt.[20]

1. In der **Ideenfindung** wird die Brainstorming-Technik angewendet. Mitarbeiter werden mit einer Herausforderung konfrontiert. Sie müssen spontan Ideen zur Erfindung eines Produktes nennen und sich dabei gegenseitig inspirieren.
2. Alle Ideen werden in der **Ideenselektion** gesammelt. Dabei werden die schlechten Ideen von den guten Ideen aussortiert.
3. **In der Vorstudie** werden Testaufgaben für Probanden gestellt. Die Ergebnisse der Testaufgaben sind enorm wichtig für die Einführung des Produktes. Haben diese Testaufgaben nicht die erwarteten Werte so ist das Produkt durchgefallen.
4. Im rechtlichen Bezug wird die **Tarifentwicklung** auf Kundenanforderungen so abgestimmt, dass Kunden und Vertrieb in einem fairen Verhältnis stehen.
5. Das neue Produkt wird **im Testlauf** von Produktexperten auf die Umsetzbarkeit geprüft.
6. In dieser Phase werden Qualitätsstandards für das neue Versicherungs-Produkt definiert und **umgesetzt.**
7. **Versicherungsvertreter und Service Mitarbeiter** werden **umgeschult,** auch Filialen und Versicherungs-Zentrale werden auf den **neuesten technischen Stand gesetzt.**
8. Das Produkt ist reif für den **Markt** und wird **eingeführt.**
9. Das Produkt wird von der Abteilung **Produktcontrolling** überwacht.

---

[20]Vgl. Prof. Dr. Thomas Köhne: Produktentwicklung. http://www.versicherungsmagazin.de/. Zugegriffen am 20.12.2017.

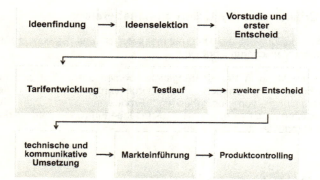

(Quelle: Gabler Versicherungslexikon)

5.3 Der Digitale Wandel in der Produktentwicklung

Die Produktentwicklungsprozesse müssen so angelegt sein, dass Änderungen am Produkt in der letzten Stufe des Prozesses oder auch nach dem Kauf durchzuführen sind.[21]

Die Kunden haben die Möglichkeiten am Computer online zu recherchieren und haben so eine Übersicht über mehrere Versicherungsangebote. Versicherer können die Stärken und Schwächen ihrer Policen entdecken und diese Policen für ihre Kunden individuell optimieren.[22] Nicht verkaufte Versicherungen können von der Produktentwicklungsabteilung überarbeitet werden oder gar eliminiert werden. Durch den digitalen Wandel werden neue Arbeitsplätze erschaffen, Mitarbeiter eingestellt und neue Produkte entworfen.[23]

In der Produktentwicklung werden viele Arten von „Smart Contracts" entwickelt. „Smart Contratcs" sind digitale Verträge, die die Entwicklung eines Vertrages zwischen dem Endkunden und Versicherer automatisch ausführt.

Beispielsweise hat die Produktentwicklungsabteilung eine neue Form der klassischen Kraftfahrtversicherung entwickelt: die Telematik-Versicherung. Die Telematik-Versicherung wird online abgeschlossen.

---

[21] Vgl. M.Porter/J. Heppelmann. Wie Smarte Produkte den Wettbewerb verändern (19.12.2015). http://www.ptc-de.com/~/media/DE/Files/PDFs/IoT/de_HBR-How-Smart-Connected-Products-Are-Transforming-Companies2.pdf?la=en [PDF] S. 15.
[22] Vgl. Versicherung: die Digitale Herausforderung (02.06.2017). https://www.ihkkassel.de/solva_docs/BainBrief_Versicherungen_Die_digitale_Herausf orderung_FINAL.pdf [PDF] S.9.
[23] Vgl. J. von Fürstenwerth. Mitten in der neuen Arbeitswelt (04.05.2017). http://www.gdv.de/2017/05/mitten-in-der-neuen-arbeitswelt/. Zugegriffen am 20.12.2017.

Die Allianz hat diesem Trend gefolgt und ihre eigene Telematik Versicherung entworfen. Die versicherten Fahrzeuge werden mit einem Bluetooth-Stecker ausgestattet. Dieser wird in dem Adapter-Anschluss im Auto angebracht und verbindet sich mit dem Smartphone und die Allianz-App. Es werden Daten wie GPS-Standorte, gefahrene Kilometer, Brems- und Beschleunigungsverhalten und Tageszeiten gesammelt und so einem ein individueller Tarif berechnet. Ist das Fahrverhalten vom Fahrer vorbildlich, wird er mit Prämien und Punkten belohnt. Dieses Angebot kommt besonders junge Fahranfänger zugute, da sie sich mit Smartphones auskennen und die Versicherung so viel günstiger sei, als eine normale Kfz-versicherung.[24]

Neben Telematik-Produkten ist auch die Smart Home-Versicherung ein aktuelles Thema in der Produktentwicklungsabteilung. Die Smart-Home-Versicherung wurde auf Kundenbedürfnisse angepasst und macht aus normalen Immobilen einen „Smart-Home", also ein intelligentes Heim. Auch sie ist ein „Smart Contract".

Die Provinzial-Versicherung hat das Produkt „Notfallmanagement" entwickelt. Sie ist ein zusätzliches Element der Hausrat- und der Wohngebäudeversicherung. Die Smart-Home Technologie erleichtert dem Kunden das Leben mit ihrer Immobilie. Viele Geräte Kann er über Kopfdruck am Handy steuern. Der Kunde muss folgende Komponenten in der Wohnung angebracht haben, damit die Immobilie über das Smartphone gesteuert werden kann:

- Bewegungsmelder an allen Fenster und an der Haustür
- Die gesetzlich geregelten Rauchmelder
- Wassermelder im Erdgeschoss und Keller
- Und ein zusätzliches Smart-Home Gerät, welches alle Komponenten mit dem Smartphone verbindet

Auch andere Anlagen wie Licht- und Rollladensteuerung und Videokameras können nach dem Wunsch des Kunden mit dem Smartphone verbunden werden.[25]

---

[24] Vgl. Telematik-Versicherung: Besonders junge Fahrer profitieren. https://www.allianz.de; Zugegriffen am 20.12.2017.

[25] Vgl. Smart Home weitergedacht - mit unserem Notfallmanagement. https://www.provinzial.de. Zugegriffen am 20.12.2017.

6   Digitalisierung des Vertriebs

6.1 Kurze Erläuterung des Unternehmensbereichs

Versicherungen werden direkt von Versicherungsberater oder indirekt durch Versicherungsmakler vertreten. Der Vertrieb verbindet den Endkunden und die Versicherungen. Der Vertrieb hat die Aufgabe Angebot und Nachfrage im Gleichgewicht zu halten. Wenn die Unterschiede zu groß sind, wird kein Vertrag zustande kommen. Kunden wollen verstanden werden. Um zu verhindern, dass kein Vertrag zustande kommt, hat der Vertrieb die zusätzliche Aufgabe potenzielle Kunden wahrzunehmen und sie zu betreuen.

6.2 Vertriebsprozess

Bevor es zu einem Vertrag kommt, muss die **Interesse** vom Kunden da sein. Wenn der Kunde genügend **Informationen** über ein gewünschtes Versicherungsprodukt hat, möchte er auch angemessen **beraten** werden. Die mündliche Kommunikation ist deshalb umso wichtiger für den Vertragsabschluss. Wurde der Kunde bestens beraten möchte er auch erstklassige **Angebote** bekommen. Der Versicherungsvertreter hat hier die Aufgabe dem Kunden günstigere Preise als die üblichen zu machen und so sich von der Konkurrenz abzuheben. Versicherungsvertreter und Kunde müssen auf denselben Nenner kommen. Wenn alle vier Punkte erfüllt worden sind, kommt es zu einem **Vertragsabschluss**. Der Kunde „wird geschützt" und bekommt schriftlich einen Vertragsabschluss.[26]

Bei **Schäden** wird der Kunde zu einer anderen Fachabteilung geleitet. Er muss den Schaden telefonisch oder per Email melden, um den Versicherungsschutz in Anspruch nehmen zu können.

6.3 Der Digitale Wandel in der Versicherung

Die Digitalisierung ist auch im Versicherungsvertrieb eine Herausforderung.

Es gibt keinen Muster-Vertrieb, der sich an alle Kunden anpasst. Jeder Kunde hat individuell Bedürfnisse. Damit Versicherer zu 100 Prozent Erfolg haben,   müssen sie sich an die Anliegen ihrer Kunden fixieren. Um erfolgreich mit neuen Wettbewerber halten zu können, müssen Versicherer eine Vertriebsstrategie entwickeln. Laut Oliver Wyman sind drei Bestandteile wichtig für die Umgestaltung des zukünftigen Vertriebs.

---

[26] Vgl. Oliver Wyman Versicherungsvertrieb 2020 (2015).
http://www.oliverwyman.de/content/dam/oliver-wyman/europe/germany/de/insights/publications/2015/aug/INS_Versicherungsvertrieb%202020_web.pdf [PDF] S.4.

„Die Vernetzung der Vertriebskanäle"[27]: Der Kunde soll die Auswahlmöglichkeit zwischen jederzeit online oder offline das Produkt kaufen zu können haben. Die Online-Fläche und die Filialen müssen ausgebaut werden.

Mitarbeiter und Versicherungspartner, die jahrelang dieselben Versicherungsprodukte auf dieselbe Art und Weise verkauft haben, müssen sich auf die Herausforderung der Digitalisierung komplett neu einstellen. Sie müssen geschult werden und sie müssen die Möglichkeit bekommen mit neuen Rechnern und Systemen arbeiten zu können.

„Die konsequente Optimierung der Prozess- und Kosteneffizienz"[28]: Der Preis, welchen die Kunden zahlen wollen und die Tarife, welche die Experten der Produktentwicklung herstellen, müssen zu einem fairen Preis kombiniert werden.

Die Prozesse müssen erfolgreich automatisiert werden, beispielsweise mit *Customer Relationship Management System*s. Große Datenmengen können mit CRM Systemen festgehalten werden. Kundenzufriedenheit muss ständig gemessen werden. Storno und Kündigungsquoten müssen gesenkt werden.

Der Vertrieb muss ausgewogen organisiert werden. Vertreter und Mitarbeiter müssen sich mit Tarifen, Angeboten, Verträgen und Computer Systemen bestens auskennen.

„Die technologische Unterstützung des Vertriebsgeschehens"[29]: Hier werden alle technischen Möglichkeiten benutzt, um Chancen und Bedingungen des digitalen Vertriebes aufzuzeigen.

Der Technische Vertrieb ermöglicht Innovation. Durch die Innovation haben Versicherungsunternehmen immer einen Zeitvorsprung von ihrer Konkurrenz. Sie können sich auch im Versicherungsmarkt dadurch differenzieren. Es steigert die Verkaufszahlen, da Kunden immer als erste neue Produkte probieren bzw. kaufen möchten. Der neueste technologische Trend in der Versicherungsbranche ist der Blockchain. Der Blockchain ist eine dezentrale Online-Datenbank, bei der Informationen über persönliche Daten vom Kunden, Verträge, Beitragseinzahlungen und Leistungsauszahlungen gespeichert werden. Information über Kundendaten können Versicherer und die Kunden selbst jederzeit aufrufen und sind für dritte nicht zugänglich.[30]

---

[27] Vgl. derselbe. Oliver Wayman. Versicherungsbetrieb 2020.

[28] Vgl. derselbe. Oliver Wayman. Versicherungsbetrieb 2020.

[29] Vgl. derselbe. Oliver Wayman. Versicherungsbetrieb 2020.

[30] Vgl. M.Heyen. Blockchain statt versichern. https://klardenker.kpmg.de/. Zugegriffen am 20.12.2017.

Großkonzern AXA bietet seit September 2017 das Versicherungsprodukt „Fizzy" auf Grundlagen der Blockchain Technologie an. Fizzy ist ein Fluggästerechte-Versicherung. [31]

---

[31] Vgl. fizzy-Smart insurance. Automatic compensation. https://fizzy.axa. Zugegriffen am 20.12.2017

7   Fazit

Auch wenn die Digitalisierung viele Vorteile mit sich bringt, möchten die Kunden trotzdem einen Kontakt zu einem Berater oder Vertreter und sich persönlich beraten lassen. Die persönliche Empfehlung vom Verkaufsberater kann die Kaufentscheidung von Kunden stark beeinflussen. Dies nennt sich der ROPO Effekt. Der ROPO-Effekt kommt aus dem E-Commerce Bereich und hat die Bedeutung, dass Kunden online ihre Wunschprodukte recherchieren und anschließend diese offline vor Ort kaufen.[32]

Die Unsicherheit Versicherungen online zu kaufen ist da. Viele Menschen haben Angst vor den kleingedruckten Vertragsbestimmungen in den Allgemeinen Geschäftsbedingung. Außerdem möchten potentielle Kunden bei einer KFZ-Versicherung wissen, welche Punkte versichert sind und welche nicht. Zusätzlich hat der Online-Kunde keinen Ansprechpartner, er muss sich bei Fragen an die Zentrale über die Hotline wenden. Per Video-Chat mit einem Berater oder einem Roboter-Online-Chat können Kunden nicht jeden Inhalt abklären lassen.

Mit der Digitalisierung kommen neue Gesetze auf die Branche zu. Datenschutz ist in Deutschland ein aktuelles Thema.

Versicherungsunternehmen haben die Pflicht die Daten von ihrem Mitarbeiter und ihrer Kunden zu schützen und mit ihnen sorgfältig umzugehen. Um diese Daten nach den gesetzlichen Formulierungen schützen zu können, brauchen Versicherer die modernste Technik welches mit hohen Kosten verbunden ist.

Am 25. Juli 2017 ist ein neues IT-Gesetz in Kraft getreten. Unternehmen die zur *„kritische Infrastrukturen"* müssen dem IT Sicherheitsgesetz folgen und ihre Systeme nach diesen Normen *schützen*. Die Finanz- und Versicherungsbranche gehört auch dazu. Auch dies Pflicht führt die Versicherungsbranche gezwungener Maßen zu mehr Ausgaben. Ergänzend müssen Versicherer Cyberangriffe, welche Schäden anstellen, an das **Bundesamt für Sicherheit in der Informationstechnik** melden. Diese kann das Image der Versicherer erheblich schaden, da sie angreifbar sind.[33]

Auch wenn die Digitalisierung längst da ist, müssen Versicherer sich neu definieren. Sie können nicht mit klassischen Mitteln mit der Konkurrenz mithalten. Außerdem kommen neue Gesetze in Bezug auf die Digitalisierung hinzu. Diese ist eine zusätzliche Belastung und sehr kostenintensiv.

---

[32] Christian Faltin. ROPO-Effekt. http://www.digitalwiki.de/. Zugegriffen am 01.01.2018.

[33] Bundesamt für Sicherheit in der Informationstechnik. Industrie und Kritische Infrastruktur. https://www.bsi.bund.de. Zugegriffen am 01.01.2018.

Literaturverzeichnis

Allianz SE: *Telematik-Versicherung: Besonders junge Fahrer profitieren.*
https://www.allianz.de/auto/kfz-versicherung/telematik-versicherung/.

AXA Gruppe: *fizzy-Smart insurance. Automatic compensation.* https://fizzy.axa.

Bain & Company: *Versicherungen: Die Digitale Herausforderung.*
https://www.ihkkassel.de/solva_docs/BainBrief_Versicherungen_Die_digitale_H
erausf orderung_FINAL.pdf (02.06.2017).

BearingPoint GmbH: *Herausforderungen und Trends im
Schadenmanagement der Versicherungswirtschaft.*
https://www.bearingpoint.com/files/0627_FC_DE_Schadenmgmt_final_print.pdf
[PDF] (2011).

Bundesamt für Sicherheit in der Informationstechnik: *Industrie und
Kritische Infrastruktur.*
https://www.bsi.bund.de/DE/Themen/Industrie_KRITIS/IT-
SiG/FAQ/faq_it_sig_node.html;jsessionid=BC200D587529C43B15EE3AA94B6
EEA90.2_cid341#faq7616706

Christian Faltin: *ROPO-Effekt.* http://www.digitalwiki.de/ropo-effekt/.

Christian Hilmes: *Die 10 größten Versicherungen in Deutschland.*
http://www.dasinvestment.com/grafik-des-tages-die-10-groessten-
versicherungen-in-deutschland/ (10.07.2017).

Finanztip Verbraucherinformation gemeinnützige GmbH: *Fahranfänger
machen Autoversicherung doppelt so teuer.* http://www.finanztip.de/presse/pm-
fahranfaenger/ (02.09.2015).

Dr. Jochen Tenbieg: *Schadenregulierung.*
http://www.versicherungsmagazin.de/lexikon/schadenregulierung-
1946554.html#definition.

J. von Fürstenwerth; *Mitten in der neuen Arbeitswelt.*
http://www.gdv.de/2017/05/mitten-in-der-neuen-arbeitswelt/ (04.05.2017)

Gesamtverband der Deutschen Versicherungswirtschaft: *„Die
Geschäftsmodelle unserer Kunden ändern sich dramatisch – und wir müssen
reagieren". Reihe: Interview-Serie "Reden wir über Digitalisierung".*
http://www.gdv.de/2017/10/die-geschaeftsmodelle-unserer-kunden-aendern-
sich-dramatisch-und-wir-muessen-reagieren/ (13.10.2017)

Gesamtverband der Deutschen Versicherungswirtschaft:
*„Kommunikationsfähigkeit wird zur zentralen Kompetenz". Reihe: Interview-
Serie "Reden wir über Digitalisierung".*
http://www.gdv.de/2017/06/kommunikationsfaehigkeit-wird-zur-zentralen-
kompetenz/ (12.06.2017).

Gesamtverband der Deutschen Versicherungswirtschaft: *Die Versicherungswirtschaft-Fakten im Überblick.* http://www.gdv.de/wp-content/uploads/2017/09/GDV-Die-Versicherungswirtschaft-Fakten-im-Ueberblick-Download-2017.pdf [PDF] (2017).

M.Heyen: *Blockchain statt versichern.* https://klardenker.kpmg.de/optimieren/transformation/blockchain-statt-versichern/ (19.06.2017).

Kraftfahrt Bundesamt: *Bestand an allgemeinen Fahrerlaubnissen im ZFER am 1. Januar 2017 nach Fahrerlaubnisklassen.* https://www.kba.de/DE/Statistik/Kraftfahrer/Fahrerlaubnisse/Fahrerlaubnisbestand/2017_fe_b_geschlecht_alter_fahrerlaubniskl.html?nn=652036 Fahrerlaubnisklassen (18.12.2017).

KPMG AG Wirtschaftsprüfungsgesellschaft: *Konsumentenstudie 2015: der Kunde der Zukunft- Einkaufen heute und morgen.* https://www.gs1-germany.de/fileadmin/gs1/basis_informationen/kpmg_konsumentenstudie_der_kunde_der_zukunft.pdf [PDF] (2015).

Oliver Wyman: *Versicherungsvertrieb 2020.* http://www.oliverwyman.de/content/dam/oliver-wyman/europe/germany/de/insights/publications/2015/aug/INS_Versicherungsvertrieb%202020_web.pdf [PDF] (2015).

OPITZ CONSULTING Deutschland: *Wesentliche Schritte in der Schadenbearbeitung.* https://de.slideshare.net/opitzconsulting/bpmn-oder-acm. (2014).

M.Porter/J. Heppelmann; *Wie Smarte Produkte den Wettbewerb verändern.* http://www.ptc-de.com/~/media/DE/Files/PDFs/IoT/de_HBR-How-Smart-Connected-Products-Are-Transforming-Companies2.pdf?la=en [PDF] (19.12.2015).

Provinzial AG: *Smart Home weitergedacht - mit unserem Notfallmanagement.* https://www.provinzial.de/content/privat/versicherungen/wohnen-und-bauen/notfallmanagement/

Reuters: *Allianz will Kunden via Internet in die Filialen locken.* http://www.manager-magazin.de/finanzen/versicherungen/allianz-neue-online-angebote-sollen-vertreter-nicht-verdraengen-a-1080201.html (02.03.2016).

Statistisches Bundesamt: *Ausstattung privater Haushalte mit Informations- und Kommunikationstechnik – Deutschland.* https://www.destatis.de/DE/ZahlenFakten/GesellschaftStaat/EinkommenKonsumLebensbedingungen/AusstattungGebrauchsguetern/Tabellen/Infotechnik_D.html (zuletzt Aktualisiert 2016).

Statista GmbH: *Anzahl der Internetnutzer und Gesamtbevölkerung ab 10 Jahren in Deutschland im Oktober 2017 (in Millionen).* https://de.statista.com/statistik/daten/studie/151619/umfrage/anzahl-der-internetnutzer-in-den-letzten-drei-monaten-und-gesamtbevoelkerung-in-deutschland/ (Oktober 2017).

Statista GmbH: *Anzahl der Smartphone-Nutzer in Deutschland in den Jahren 2009 bis 2016 (in Millionen) (Juni 2016).* https://de.statista.com/statistik/daten/studie/198959/umfrage/anzahl-der-smartphonenutzer-in-deutschland-seit-2010/ (Juni 2016).

Statista GmbH: *Anzahl der insgesamt ausgestellten (Karten-)Führerscheine in Deutschland in den Jahren 2006 bis 2017 (2017).* https://de.statista.com/statistik/daten/studie/4974/umfrage/anzahl-der-ausgestellten-fuehrerscheine-in-deutschland/ (2017).

Talanx AG: *Den Kunden in den Schadenprozess einbinden.* http://www.talanx.com/newsroom/aktuelle-themen/2016/2016-04-25_digitalisierung_03.aspx?sc_lang=de-de. (25.04.2016).

Prof. Dr. Thomas Köhne: *Produktentwicklung.* http://www.versicherungsmagazin.de/lexikon/produktentwicklung-1946216.html#definition.

Tutanch/ Nico Litzel: *Was ist Digitalisierung?* https://www.bigdata-insider.de/was-ist-digitalisierung-a-626489/ (20.07.2017).